CW01659480

COMME DANS UN FILM

LE GRAND BAIN

Des romans illustrés pour se jeter
dans le grand bain de la lecture,
avec ou sans bouée !

Des histoires fortes, drôles, impertinentes,
ancrées dans le monde de l'enfance.

Une jaquette à déplier :
une affiche à collectionner !

COMME DANS UN FILM

Rémi Courgeon • Arnaud Nebbache

SEUIL JEUNESSE

NEST ET MOI

Nos parents ne font rien comme tout le monde. Premièrement, mon frère et moi nous sommes nés le même jour, un 24 mars. C'est moi l'aînée, à dix minutes près. Jumeaux pour la vie ! Deuxièmement, ils nous ont choisi des prénoms ridicules : Clarabelle et Ernest. Des prénoms de livres pour bébé. On ne sait pas où ils sont allés chercher ça.

Il faut dire qu'ils sont perchés dans leur monde… Papa est décorateur de cinéma et Maman costumière. Pour eux, avoir des enfants c'est un peu comme s'ils avaient donné naissance à des personnages de film.

À la maison, on parle cinéma, on respire

cinéma, on mange cinéma, on se dispute cinéma et la nuit, on rêve même sur grand écran ! Alors nous deux, naturellement, on veut devenir réalisateurs. On a décidé de s'appeler « Clear et Nest ». C'est comme ça qu'on va signer tous nos films.

Clear & Nest. Ça claque, non ?

Nest et moi, on a deux fois 10 ans. Des cinéastes de 20 ans à eux deux, ça étonne, bien sûr. Mais ensemble, on ne fait pas que s'additionner, on s'entend tellement bien qu'on se multiplie ! Il n'y a pas vraiment de mot pour nous désigner : pour des frères on dit « fraternité », pour des sœurs « sororité », mais rien pour un frère et une sœur. Il est temps d'en inventer un, non ? Avec Nest, on cherche et je suis sûre qu'on finira par trouver.

On s'est amusés à faire une liste de frères réalisateurs. Ça commence par les frères Lumière, les inventeurs du cinématographe. Les frères Taviani : des vieux Italiens. Les frères Dardenne : deux Belges qui font des films pas très rigolos. La vraie vie des vraies gens, mais en pire. Les frères Wachowski, devenus sœurs Wachowski, coupez, on la refait ! Les frères Coen (deux Américains géniaux), ce sont nos préférés. Les parents n'arrêtent pas de nous en parler. Tous ensemble, on a vu au moins vingt fois *Arizona Junior* et *Le Grand Saut* : de très vieux films des années 90.

On en oublie peut-être quelques-uns, mais ce qui est sûr, c'est que dans l'histoire du cinéma, on sera les premiers sœur et frère à signer des films. C'est le but de notre vie !

Pour faire un film, il faut d'abord avoir une histoire à raconter. C'est la base. Nest et moi, on n'a pas de journaux intimes pleins de cœurs, de licornes à paillettes et de chagrins d'amour. Nous, on a un gros carnet noir, bourré à craquer, qu'on se partage. Quand l'un de nous a une idée, il la note. Si on a chacun un truc à noter en même temps ou qu'on n'a pas le carnet sous la main, on dessine ou on écrit sur un bout de papier et on le colle. Souvent, on répond à une image par un texte et à un texte par une image. Mais attention, les idées, c'est comme les papillons : si on ne les attrape pas tout de suite, elles s'envolent et c'est fini.

On a bien compris que réaliser des films, ce n'est pas juste noter des idées dans un carnet. Il faut du temps, des moyens et du matériel. Et puis c'est un travail d'équipe : il n'y a qu'à voir un générique pour comprendre. Un générique, c'est la liste de tous les gens qui ont participé au film et ça défile pendant dix minutes. Il y a souvent des centaines de noms ! Quand on croit avoir une super idée et qu'on va chercher nos parents pour qu'ils nous conseillent, ils répondent à chaque fois :

– C'est une vraie usine à gaz, votre truc !

Mais bon, ils sont toujours ravis de nous aider. Le cinéma, c'est plus qu'un métier, c'est une passion.

SILENCE, MOTEUR… ACTION !

Pour nos 10 ans, Papa et Maman nous ont offert la vieille caméra Sony qui a filmé nos premiers pas : un monument historique qui fait de super images. C'est le plus beau cadeau de notre vie. Papa nous a appris comment nous en servir. On a fait pas mal d'essais ratés avant de bien la connaître, mais maintenant, on l'aime tellement que tous les trois, on est carrément des triplés. Nest voulait l'appeler « Louis », comme Louis Lumière, un des frères inventeurs du cinématographe, mais comme on dit *une* caméra, on l'a finalement appelée « Alice », comme Alice Guy, la première femme cinéaste.

Les énormes caméras d'Hollywood s'appelaient bien « Dolly », pourtant avec leurs deux bobines rondes comme des oreilles, on aurait dû les appeler « Mickey » !

Pour être honnête, à l'école, on a souvent la tête ailleurs. Nest et moi, on est dans la même classe et même si la maîtresse fait tout pour nous séparer, on réussit toujours à se faire passer des messages. Par période, bien obligés, on se met quand même à travailler dur pour se faire oublier. Quant à nos loisirs, ce n'est ni la danse, ni le foot, ni le poney. Vous l'aurez deviné, c'est faire du cinéma !

Le premier film qu'on a tourné avec notre caméra était un court-métrage vraiment très court, en plan-séquence, c'est-à-dire un seul plan sans montage. Le titre ? *English breakfast* (sous-titré « Petit déjeuner à l'anglaise »).

Nous étions dans la cuisine. J'avais attaché Alice avec des élastiques, au bout d'un bâton fixé sur un tabouret par des serre-joints, en légère plongée sur le grille-pain. Nest, qui est assez fort en lumières, avait fait tenir un grand carton blanc en équilibre entre une corbeille à pain et un robot mixeur, pour amener un joli reflet sur le chrome argenté de l'appareil. Silence, moteur… action ! La main de Nest est entrée dans le champ, droite cadre, et il a glissé dans la fente du grille-pain une carte postale de Jeanne d'Arc en armure, les yeux hallucinés tournés vers le ciel. Du doigt, Nest a appuyé sur le poussoir, entraînant doucement la sainte vers son tragique destin. dix secondes, vingt secondes, trente secondes et puis, comme prévu, Jeanne d'Arc a cramé. Coupez, c'est dans la boîte! Génial! Sauf que le carton est tombé sur le grille-pain et qu'il s'est enflammé à son tour. Par chance on avait tout prévu : je me suis précipitée sur l'extincteur. Il y a toujours des pompiers sur les tournages risqués.

En éteignant le feu, j'ai fait péter le grille-pain et les plombs de toute la maison ont sauté. La voix de Papa, qui bricolait au sous-sol, a explosé à son tour :

– Qu'est-ce qui se passe les enfants ? C'est quoi ce bazar ?Aïe aïe aïe !

Nest et moi, on n'en est pas à notre première galère. Maman et Papa étaient super fâchés. Heureusement, la cuisine est intacte. Le coup de l'extincteur les a quand même un peu calmés.

– Ça prouve que vous n'êtes pas totalement irresponsables, a dit Papa.

Trois jours après, on a surpris les parents, presque fiers, racontant l'aventure à des amis venus dîner. Un des invités a même répondu :

– Au moins, pendant qu'ils font du cinéma, ils ne font pas de bêtises !

Ils ont tous éclaté de rire.

CLAP

Cette semaine, il a plu tous les jours. Les rares éclaircies duraient si peu de temps qu'en rentrant de l'école, on n'avait pas envie de ressortir pour jouer chez des copains. On était tous les deux enrhumés et les journées grises se succédaient, moroses, sans aucun espoir de lumière. Dans les escaliers du jardin, on écrasait des escargots à chaque marche. Pour nous remonter le moral, maman nous a offert un vrai clap de cinéma qu'elle avait récupéré sur un plateau de tournage. Un clap qui avait servi pour *Les Dents du crépuscule*, un film de vampires un peu nul qu'elle avait tourné en Italie. Elle a dû nettoyer le faux sang coagulé avant de nous en faire cadeau. On avait trop hâte de s'en servir, mais ce jour-là, je n'avais aucune idée.

Tout en remplissant des kilos de mouchoirs avec un bruit de trompette, Nest griffonnait nerveusement dans notre carnet. Il me montra un petit dessin : un visage composé de deux escargots pour les yeux, une plume pour le nez et une feuille pour la bouche. Je n'ai pas tout de suite compris ce qu'il voulait faire avec ça, mais il m'a expliqué :

– On met tout ça en place, caméra fixe, en plan serré sur une surface mouillée. On laisse tourner et on regarde ce qui se passe.

Je ne voyais toujours pas.

– Oui, et alors ?

– Alors logiquement, les escargots se déplacent, on souffle sur la plume, puis sur la feuille, et tout bouge.

– Et ?

– Et bah, à la fin on va passer le film à l'envers !

Alors là, j'ai compris.

On a profité d'une accalmie pour tout installer. Il a fallu recommencer trois fois pour obtenir le plan parfait : deux escargots arrivent en avançant lentement à reculons sur un sol en ciment sans tache, puis apparaît une feuille, puis une plume, comme apportées là par le vent. Et tout à coup un visage se forme, avec deux gros yeux globuleux qui bougent. Bien sûr, vu la lenteur des escargots on a accéléré un peu le plan. C'est ça la magie du cinéma !

Le mercredi suivant, comme le temps était toujours aussi pourri, on a regardé pour la millième fois *Dansons sous la pluie*, ce qui m'a donné l'idée d'une comédie musicale facile à tourner dans notre chambre. À quatre pattes sur le parquet, musique à fond, Nest et moi avons réalisé un petit film, avec des marionnettes un peu spéciales : un duo de peaux de banane qui dansent, sur fond noir. Ça nous a pris une journée entière, rien que pour faire deux minutes. Nous avons dû éplucher six kilos de bananes et dévider deux bobines de fil de pêche. On a arrêté quand toutes les pelures étaient noires et que les mouches sont arrivées sans être invitées pour participer au tournage. Le résultat était assez drôle. Les peaux de banane en mouvement faisaient un peu penser à « la chose » : la main qui trottine et joue du piano toute seule dans *La Famille Adams*. Après, on a mangé de la compote de banane matin, midi et soir, pendant une semaine. Beaucoup moins cool !

RUBIK'S CUBE

À notre âge, Papa était déjà champion de Rubik's Cube. Depuis, il en fait collection. Dans son bureau, il a une vitrine spéciale pour ses dizaines de modèles et ses trophées. Porte-clefs, bidule qui pend au rétroviseur, maillot de bain, gâteau d'anniversaire... On a même un pouf Rubik's Cube sur lequel dort Moustache, alias Mouss, toujours sur la face bleue.

Aujourd'hui, il est toujours aussi fort. Son record c'est une minute huit secondes pour remettre toutes les faces aux mêmes couleurs, les yeux bandés. Il a eu beau nous montrer vingt fois, Nest et moi, on est nuls !

J'ai suggéré qu'on fasse un petit film en stop motion où l'on verrait un robot réussir l'exploit en accéléré. Stop motion, ça veut dire qu'on anime des objets image par image, comme dans *Wallace et Gromit*. C'est la succession des photos qui donne l'impression de mouvement.

Papa a accepté de nous aider. Alors, dans notre chambre on a peint sur du carton un décor futuriste qu'on a posé sur une grande table : une sorte de ville en fer sur la planète Mars. Notre robot était assis sur un rocher rouge, un cube entre les mains. On a fixé Alice, notre caméra. Nest a activé le mode photo. Le stop motion, ça demande beaucoup de rigueur et de patience. C'est très très long. Quand on disait top, Papa effectuait une rotation sur le cube, et le remettait soigneusement en place. Image après image, toutes les faces mélangées commençaient à se regrouper. Il fallait faire très attention en reposant le cube pour ne pas faire tomber le robot. Moi je m'occupais des mouvements de ses petites mains en fer, pour donner l'illusion que c'était lui le champion.

On était sur le point de terminer quand le téléphone de papa a sonné. Pour le son, ce n'était pas grave : on avait décidé de mettre une musique en postproduction, c'est-à-dire après le tournage. Mais Papa a voulu répondre. Il nous a fait signe que c'était un

coup de fil important. Il est même retourné dans son bureau et ça a duré longtemps. Nest et moi, on commençait à s'impatienter. Il est finalement revenu. L'appel du Rubik's Cube était trop fort.

– Allez, les enfants, on s'y remet ? Moteur, action !

Papa a saisi le cube avec délicatesse et l'a regardé sous toutes ses faces. Son visage s'est décomposé.

– Attendez, attendez, ça va revenir !

Mais visiblement, ça ne revenait pas.

– J'ai un peu perdu le fil, là…

Mouss a profité de ce que la porte était restée entrouverte pour se glisser dans la chambre et sauter sur le décor, renversant la planète Mars, le robot et le cube. Catastrophe !

Papa était désolé. Et vexé aussi. C'était sa première défaite au Rubik's Cube ! Bien sûr, il a tout mis sur le dos du chat. Nest et moi, on était dégoûtés.

La semaine suivante, il est parti en tournage et on a dû ranger notre décor pour une prochaine fois.

– Vous savez, c'est toujours un peu comme ça le cinéma, il y a beaucoup d'imprévus ! nous a dit Maman.

Et elle sait de quoi elle parle : dans le grenier, on a des malles pleines de vêtements qu'elle a fabriqués spécialement pour des films jamais tournés.

Alors de temps en temps, on y monte pour faire des essayages. Un chapeau et une paire de bottes suffisent parfois pour faire voyager l'imagination.

UN VRAI FILM

Les petites scènes bricolées, c'est bien joli, mais nous on voudrait réaliser un vrai film, avec des vrais acteurs, des vrais décors et des vrais costumes. Quand on en a parlé à nos parents, ils nous ont dit :

– Inventez d'abord une histoire simple, sans trop de personnages et en décor naturel. Ensuite, on vous aidera. On avait déjà trois acteurs possibles : Mouss, Nest et moi. Comme décor : la maison, les rues et le grand parc autour de chez nous. Il ne nous restait plus qu'à trouver une histoire qui tienne la route. On s'est mis à écrire. On a d'abord pensé à faire tourner notre chat Mouss, mais les premiers essais nous ont fait comprendre qu'on ne pourrait pas lui faire jouer grand-chose. Chaque fois qu'on mettait Alice en marche, il ignorait complètement ce qu'on lui demandait. Les chats ne sont pas des acteurs dociles, même si Internet est rempli de chatons-vraiment-trop-trop-mignons qui font des choses rigolotes.

Alors on a pensé à une histoire de chats disparus. Une histoire qui se passerait à notre époque (c'est plus simple pour les costumes). Pourquoi pas un film policier ? Voici l'intrigue : dans une ville qui ressemblerait beaucoup à la nôtre, tous les chats se mettraient à disparaître mystérieusement. Partout (sur les arbres, les poteaux, les murs), seraient scotchés des avis de recherche. Ce qui, au début, paraîtrait une triste coïncidence, deviendrait vite une sorte d'épidémie dont on ne connaîtrait pas la cause. Le commissaire chargé de l'enquête refuserait d'abord de s'occuper de ces chats égarés, puis il commencerait à trouver que cette affaire prenait des proportions inquiétantes, surtout quand son propre angora se volatiliserait à son tour.

Trafic de fourrure ? Marché de viande de chat clandestin ? Fou maniaque ? Kidnapping par des extraterrestres ?

Ce début nous plaisait bien, même si on ne savait pas trop où ça allait nous mener. Avant de construire toute l'histoire, on a fait des repérages dans la maison et autour de chez nous.

Comment montrer l'absence des chats ? Une gamelle remplie le matin, qui reste pleine quand la nuit tombe ? Une main qui secoue sans succès un paquet de croquettes en appelant : « Kiki, Kiki, à table ! » ? La même scène qui se reproduit plusieurs fois, sous des angles différents, avec d'autres voix, d'autres noms ? Différentes portes de chatières immobiles ? Des paniers vides ? On avait même pensé faire un plan avec des souris qui grignotent des croquettes dans une gamelle, mais le directeur de l'animalerie du centre-ville a refusé de nous en louer. On a pourtant insisté, en lui promettant de ne leur faire aucun mal, mais il est resté catégorique : c'était non ! Il nous a bien proposé de nous faire une réduction si on en achetait vingt, mais ça restait trop cher pour nous et ça ne plairait sûrement pas à nos parents. Dommage, elles étaient vraiment trop mignonnes.

Une autre idée nous tentait bien et celle-là était plus facile à réaliser : une grand-mère assise dans un canapé caresse tristement un chat imaginaire. J'ai joué la scène en portant une perruque grise et une vieille robe en tricot. On a bien rigolé !

PLAN DE TOURNAGE

– Faites un story-board, les enfants, ça va vous aider, nous a dit Papa. Un story-board, c'est un peu comme une BD sans bulles, avec des cases toutes au même format et des flèches pour indiquer les mouvements de caméra. D'habitude tout est dessiné, mais pour simplifier, on a mélangé des photos et des croquis. Dans notre carnet, ça commençait à se construire ! Autour de chez nous, beaucoup de voisins avaient des chats avec tous les accessoires qui vont avec. Ça nous donnait plein d'idées pour faire varier les plans.

Dans un premier temps, on a fabriqué des faux avis de recherche, avec des photos de chat trouvées sur Internet, plus mignons les uns que les autres. « Perdu Mistigri ». « Recherche Lolita ». « Avez-vous vu Bibiche ? » Il fallait qu'il y en ait beaucoup pour que notre film devienne dramatique. On a décidé d'en faire trente, inspirés de ceux qu'on voyait tous les jours dans le quartier. Maman nous a aidés à les rédiger sans fautes, avec des styles et des formats différents, pour que ce soit plus crédible. On a même fait des annonces avec des petites languettes découpées pour les numéros de téléphone.

On était impatients de commencer le tournage, mais on n'avait qu'un début de scénario, et beaucoup trop de questions. Qui allait jouer ? Nest et moi, on devait filmer et nous n'étions pas trop de deux pour le faire. Papa et Maman ? Pas question. On a vite écarté l'idée de mélanger des acteurs adultes et enfants : trop compliqué.

Nos meilleurs amis Alex, Léa et Samuel ont vaguement accepté, mais Alex est super timide et bégaye quand il est interrogé. Léa fait déjà du cheval, de la danse, du tir à l'arc et de l'ukulélé. Quant à Samuel, il a dit oui mais seulement si c'est un film de foot, ce qui n'est pas vraiment l'idée.

– Et si vous en parliez au club de théâtre ? nous a proposé Papa. Je suis sûr que vous allez dégotter des acteurs en herbe ravis de tourner dans un vrai film !

– Si vous trouvez quatre ou cinq bons

comédiens, vous pourrez leur faire jouer plusieurs rôles ! a dit Maman. Je vous aiderai pour les perruques et les costumes.

Nous avons donc scotché une annonce de casting dans le hall du conservatoire :

« On recherche acteurs amateurs, filles et garçons, entre 8 et 12 ans, pour jouer dans un film policier. »

Le rendez-vous était pris pour le mercredi suivant à 15 heures, chez nous.

Bon, au début, on a cru que ça n'intéressait personne. À 15 heures, il n'y avait pas un chat. À 15 h 48 est arrivé le premier candidat. Un garçon tout pâle, qui zozotait. Après, toutes sortes d'enfants se sont succédé : des grands tout maigres, des petits tout gros, des rastas rigolos, des rouges à boutons, des gothiques genre Tim Burton, des timides qui ne veulent pas, des bavards qui ne savent pas s'arrêter, des rasés en colère, des hirsutes lunaires, des qui ne voient rien sans lunettes, des qui demandent combien ça coûte, des qui rigolent avec des trous entre les dents, des qui pleurnichent pour jouer tragique, des qui ne parlent pas un mot de français, des qui ne veulent pas finalement, des qui viennent avec leur pittbull, des qui viennent avec tous leurs cousins.

Nous avons filmé chacun d'eux en train de dire un court texte et quand le tout dernier est parti, la nuit commençait vraiment à tomber de fatigue.

DEVOIRS ET PASSION

Ensuite, on a dû oublier un peu le cinéma. Nos parents avaient été convoqués par la maîtresse : nous étions trop dissipés et pas assez motivés par la vie scolaire. Le soir, nous devions donc travailler chacun de notre côté pour rattraper notre retard. La menace de se retrouver dans deux classes différentes, ou pire, deux écoles différentes, planait au-dessus de nous comme un détraqueur au-dessus de la tête d'Harry Potter. Sans parler des visites chez le dentiste qui nous prenaient beaucoup de temps : nos dents étaient presque aussi mal rangées que notre chambre ! Un jour on fera un film d'horreur qui se passe dans un cabinet dentaire, avec des plans de reflets de bouches cauchemardesques dans la lampe frontale du docteur, d'instruments de torture rouillés et de pieds qui bougent au bout du grand fauteuil chirurgical avec des sangles bien solides pour que le patient ne s'échappe pas, tout ça au rythme d'une bande-son qui vous déchire les tympans. Bon, revenons à nos devoirs. On travaillait, même si on avait la tête ailleurs.

Quand on a enfin pu ressortir nos nez des bouquins, et nos bouches de chez le dentiste, nous avons visionné les essais de casting. Pour certains, c'était évident : pas possible ! Pour d'autres on a dû se repasser plusieurs fois les prises avant de se décider.

Résultat : trois comédiens feraient de très bons seconds rôles. Léna, une petite brune rigolote ; Valentine, une rousse avec de grands yeux ; et Momo, un sportif à la voix grave. Costumés par maman, ils pourraient jouer sans problème plusieurs personnages. Quant à notre acteur principal, il s'est imposé immédiatement. Miguel, un garçon trapu à lunettes qui jouait super bien. Une évidence. Avec une moustache, il serait un parfait commissaire.

Le soir, dans nos lits, l'énergie de la passion nous tenait éveillés. Nous écrivions avec fièvre de nouvelles idées dans notre carnet noir. Avoir trouvé notre super flic nous rendait impatients de commencer le tournage.

– C'est pas si mal après tout, on a déjà construit tout le début jusqu'au moment où le commissaire prend l'affaire des disparitions de chats au sérieux, m'a fait remarquer Nest.

Si on ne sait pas encore comment ça se termine, on en est au même point que le commissaire et les spectateurs, on trouvera la suite au fur et à mesure.

Papa nous a toujours dit que les plus belles surprises de la vie sont souvent des rencontres. Pour Nest et moi, celle de Miguel a été aussi importante que celle d'Alice, notre fidèle caméra.

Comment le décrire ? Imaginez un garçon costaud au visage rond, les yeux pétillants derrière des lunettes hublots qui lui donnent

PLAN
PLAN
LAMB

un air d'ours malicieux. Bon, il peut jouer aussi sans lunettes, mais comme il voit tout flou, ça complique un peu les choses. Miguel parle comme une mitraillette et gesticule sans cesse. Il peut imiter plein d'accents différents. Le rencontrer a été un grand coup d'accélérateur. Il a à peine besoin de réfléchir pour trouver des dialogues savoureux. Tout ce qu'il raconte est tellement vivant ! Comme dans la vie, mais en mieux. Même quand il dit : « Non merci, pas de sucre dans mon café ! », il peut vous faire rire ou pleurer.

– Vous avez trouvé votre Brad Pitt, on dirait ! nous a fait remarquer Papa.

ON TOURNE ENFIN !

Les vacances de Pâques sont arrivées à point. Temps magnifique. On a profité du soleil pour scotcher tous les avis de recherche sur les poteaux, les lampadaires et les arbres du parc.

Miguel est venu nous aider. Avec lui, tout devient un jeu. Dès que quelqu'un s'approchait pour nous poser des questions, il jouait à la perfection le rôle du gamin éploré qui a perdu son meilleur ami à quatre pattes, rajoutant des détails savoureux qui faisaient tellement vrai que, à la fin de la journée, il rapportait des tas de friandises que les gens lui donnaient pour le consoler.

La lumière était superbe. Scène après scène, notre clap faisait claquer son grand bec noir et blanc. On a tourné des gros plans de mains qui collent des avis de recherche ; des plans de plus en plus larges où des dizaines d'affichettes fleurissent la ville ; et on a même réussi à filmer par hasard un chien qui pleure, en arrêt devant une annonce de chatte siamoise, comme s'il avait perdu quelqu'un de sa famille. Bien sûr, des tas de gens curieux sont venus nous voir. C'est souvent Miguel qui répondait à leurs questions, hyper sérieux, comme un grand pro du cinéma, inventant des explications différentes à chaque fois. Nest et moi, on a vite compris qu'avec lui, on ne s'ennuierait jamais. Parfois on riait tellement qu'on était obligés de s'éloigner pour respirer à nouveau.

Le matin, il fallait souvent recoller les affichettes que des grincheux avaient arrachées pendant la nuit. Au bout de trois jours, les gens qui n'avaient pas compris que c'était pour un film parlaient de ce mal mystérieux qui frappait les chats de la ville.

On vivait notre histoire à fond et la fiction commençait à ressembler à la réalité quand, un jour, notre grand-mère nous appela pour nous raconter que son téléphone n'arrêtait pas de sonner : des gens lui signalaient qu'ils avaient aperçu son Mistigri chéri. Elle qui est allergique aux chats depuis toujours ! Encore une blague de maman qui avait glissé son numéro parmi tous les avis de recherche...

À la nuit tombée, nos plans finis, Nest, Miguel et moi, nous allions discrètement décoller nos affichettes comme des cambrioleurs en maraude. Le tournage s'est poursuivi à la maison, avec les gamelles, les croquettes, les coussins vides et tout ce qui pouvait suggérer l'absence des chats tant aimés. Miguel, super efficace, changeait de déguisement dès qu'on avait besoin d'une main, de pieds, d'une silhouette qui apportait de la vie. Il joua même à merveille la mamie à dentier qui caresse avec nostalgie un chat imaginaire. Crampes de rire.

Sur le mur de notre chambre, on avait affiché notre story-board et l'on cochait au fur et à mesure tous les plans qu'on avait déjà tournés.

– C'est dans la boîte ! devint vite notre expression préférée. Miguel la prononçait à la japonaise, à l'italienne ou à la russe, suivant son humeur.

Pour la suite du tournage, Maman a trouvé la tenue du commissaire Miguel : costume gris, gilet rouge, chemise, cravate, boots et veste de cuir pour les scènes en extérieur. Elle lui a plaqué les cheveux en arrière et lui a collé une grosse moustache qui le faisait éternuer. Nest a eu l'idée de lui faire mâcher un chewing-gum, ce qui donnait à sa moustache un mouvement rigolo, un peu comme Charlot.

EN PANNE

Notre film avançait à un bon rythme quand une mauvaise nouvelle arriva par la poste : nos bulletins du deuxième trimestre ! Pires que ceux du premier. On aurait dit que des nuages noirs avaient brutalement obscurci le ciel bleu. Le ton de nos parents avait complètement changé. Papa était furieux.

– Les enfants, c'est bien joli de rêver, mais redescendez sur terre ! Si vous voulez devenir réalisateurs, il va falloir être bons en classe ! Changement de programme : désormais ce sera devoirs tous les matins. Je m'occupe des maths et de l'histoire-géo, Maman vous fera travailler la grammaire et l'orthographe !

– Mais on a déjà du retard sur notre plan de tournage !

– Changement de plan de tournage. Appelez Miguel et dites-lui que tout reprendra quand vous aurez suffisamment travaillé !

Ce jour-là, Nest et moi avons détesté nos parents. Le temps était idéal pour tourner, et nous étions scotchés à la table de la cuisine, tirant la langue sur l'imparfait du subjonctif, le théorème de Pythagore et Louis XIV avec ses perruques de naze.

Nous pensions que ce charmant programme ne durerait qu'une journée, mais pas du tout ! Les parents avaient décidé de ne pas nous lâcher : on devait travailler toute la matinée et l'après-midi, on allait à la piscine à cause de nos mauvaises notes en EPS, ou bien on devait ranger à fond notre chambre ou aider au jardin. C'est seulement en fin de journée qu'on pouvait enfin faire ce qu'on voulait. Miguel n'arrêtait pas de nous appeler, il trépignait d'impatience puis il finit par nous annoncer qu'il partait quelques jours chez sa grand-mère en Bretagne. Sans lui, tout s'arrêtait. On était dégoûtés.

– Bah, ce n'est pas grave, les enfants ! Le cinéma est plein d'imprévus. Profitez-en pour trier les rushs, nous suggéra Papa.

Les rushs, ce sont tous les bouts de film qu'on a déjà tournés. On doit choisir les meilleurs, les raccourcir et puis les mettre bout à bout grâce à un logiciel de montage.

Le soir, Nest et moi, on visionnait tout sur l'ordi. On avait numéroté chaque prise à la craie sur le clap, comme Papa nous l'avait appris. Ça simplifiait notre tri.

Nous devions regarder avec attention les scènes tournées en extérieur car les arrière-plans, qui nous avaient échappé en filmant, prenaient à présent trop d'importance. On retira ceux où l'on voyait des bébés qui pleurent, des camions poubelles, des mobylettes bruyantes ou des passants trop nets. En gros, tout ce qui pouvait détourner le spectateur de ce que l'on voulait raconter.

En faisant ce tri, une scène attira notre attention : au premier plan la main de Miguel scotchait sur un tronc l'avis de recherche d'un chat disparu. Tout semblait parfait : rythme rapide mais pas trop, netteté sur l'annonce éclairée par le soleil qui filtre à travers des feuilles. Mais en arrière-plan, loin derrière, une scène incroyable nous laissa sans voix. Deux hommes se battaient, l'un d'eux s'enfuyait, laissant le corps de l'autre allongé dans l'herbe, immobile. On regarda une deuxième fois : l'homme qui courait tenait un couteau à la main ! On repassa la scène des dizaines de fois, zoomant pour regarder les détails trop flous pour qu'on distingue les visages. On compara la prise avec les précédentes, qui n'apportaient aucun indice supplémentaire.

Cette scène-là n'était pas du tout prévue au programme... On baignait réellement en plein polar, et ce n'était plus du cinéma.

PANIQUE

Terminée la fiction, un homme avait été assassiné, nous en détenions la preuve, notre film d'amateur devenait donc une pièce à conviction. Ce secret pesait lourd sur nos petites épaules. Tout notre château de cartes s'effondrait. Si au moins Miguel avait été là !

Pas question de tout dire aux parents, ce serait la fin de l'aventure, c'est sûr.

Il fallait qu'on donne une chance à notre film d'aller plus loin.

– Eh bien, vous en faites une tête les enfants ? C'est si dur que ça les devoirs de vacances ? demanda Maman.

pantoufle
X gargamel
MINOUCHE
saba
?
2
1

– Bah, c'est pas ça, mais il fait beau dehors, et on est enfermés à galérer, comme deux pauvres esclaves !

Voyant nos têtes, les parents relâchèrent un peu la pression.

Papa proposa même de nous aider en fin de journée. Après une séance de travail tous les trois, il entreprit de transformer son atelier en bureau de police pour la suite du tournage : une table de travail, des ordinateurs et un immense panneau rempli de photos des chats disparus avec leurs trajectoires indiquées sur des cartes et des graphiques. Il fit même des essais de fumée pour donner une ambiance de vieux commissariat.

On fit aussi quelques tentatives en le déguisant en commissaire à moustache, mais ça ne donnait pas grand-chose. Il avait deux têtes de plus et le double du volume de notre vrai policier. Il en faisait des tonnes pour essayer de nous faire rire, mais on n'avait pas du tout la tête à ça. Ce moment aurait pu être idéal pour écrire la suite du scénario, mais nos esprits englués par ce secret n'arrivaient pas à se mettre en marche, et notre carnet baîllait de toutes ses pages blanches, affamé de nouvelles idées qui n'arrivaient pas.

– Qu'est-ce qui se passe, les enfants ? C'est à cause de l'absence de votre acteur fétiche que vous êtes dans cet état ? nous demanda Papa, un peu inquiet.

Vous faites une tête à caler des roues de corbillard, comme disait ma grand-mère ! Il a toute une collection d'expressions vieillottes, vestiges du dernier millénaire, si usées qu'elles ne font plus rire personne. En tout cas, pas nous, surtout en ce moment.

On se mordit la langue plus d'une fois pour ne pas tout lui dire.

La nuit suivante, impossible de m'endormir.

Sur le lit du haut, Nest se retournait nerveusement.

– Nest, tu dors ?

– Non, j'y arrive pas.

– Tu crois que l'assassin nous a vus ?

– Sûrement pas, on était beaucoup trop loin !

– On devrait tout dire aux parents !

– C'est risqué, ils vont prévenir la police, et tous nos plans vont être confisqués !

Dans l'obscurité de notre chambre, l'anxiété desserra petit à petit son étau. Nest s'endormit, et je finis par l'imiter mais les évènements de la journée, emportés par la fumée irrespirable d'un commissariat dont les murs se déchiraient comme des décors de papier, se fondirent en un cauchemar où des hommes à tête de chat furieux se poursuivaient dans le parc, armés de couteaux, tandis que sur les avis de recherches les visages de Miguel, Papa et Maman miaulaient à la lune comme des bêtes.

En sueur, je dus me lever pour aller boire un verre de lait et écrire ce cauchemar dans notre carnet noir, seule façon pour moi de me rendormir.

COMMISSAIRE MIGUEL

Nos parents, croyant avoir été trop sévères, décidèrent enfin d'arrêter notre horrible programme de révisions.

– Ce qui nous rassure, les enfants, c'est que dès que vous travaillez un peu, ça progresse tout seul, nous a dit Maman. Mais à la rentrée, ne relâchez pas la pression ! Nous, évidemment, on avait la tête ailleurs. Nest aussi avait fait un cauchemar sanguinolent, dessiné dans le carnet noir à la suite du mien.

En attendant Miguel, nous étions incapables de préparer sérieusement la suite du tournage. Pour se changer les idées, on est allé jouer au ping-pong chez des copains. Une fois là-bas, impossible de se concentrer. D'habitude imbattables en double, nous avons perdu tous les matchs. Dès son retour de Bretagne, Miguel a sonné à notre porte. Mouss est venu se frotter à ses jambes en miaulant comme s'il n'attendait que lui.

Quand Miguel l'a pris dans ses bras, il s'est mis à ronronner.

– Alors, Moumouss, on est content de retrouver son gentil commissaire ?

– Miguel, il faut qu'on te parle !

– Ben vous en faites une tête ! Ne me dites pas qu'on arrête le film, c'est le rôle de ma vie!

Il a dit ça avec l'accent italien, mais nous, on n'avait pas le cœur à rire.

– Viens voir.

On a commencé par lui montrer notre premier montage. Il était fou de joie.

– Ça marche hyper bien. On y croit à fond ! Mais vous n'êtes pas contents, on dirait.

– C'est pas ça, on a juste un problème. Regarde !

On lui a repassé la scène du crime cinq fois de suite. Au ralenti. En zoomant. Derrière ses lunettes, les yeux ronds de Miguel scintillaient comme des billes. Il a d'abord sorti un très gros mot que je ne peux pas vous répéter.

– Vous n'avez rien dit à vos parents, j'espère ?

– Non, on t'attendait !

– Vous avez bien fait... L'enquête, c'est nous qui allons la mener !

Une demi-heure plus tard, nous étions sur le lieu du crime. Aucun indice n'indiquait qu'un meurtre avait été commis à cet endroit. La pelouse, qui servait souvent de terrain de foot ou de pique-nique, était partout écrasée. Aucune trace du corps de la victime. Qui l'avait trouvé ? Mystère. Si c'était la police, le périmètre serait ceinturé par des rubans de plastique rouge, comme dans les films, avec la silhouette du corps dessinée dans l'herbe.

– L'assassin a dû revenir effacer toutes les traces pendant la nuit ! a suggéré Miguel.

– En tout cas, il s'est enfui avec l'arme du crime. Sur le rush, on dirait bien qu'il tient un couteau, a répondu Nest.

Brin d'herbe par brin d'herbe, on a continué

à chercher quand soudain, j'ai crié :

– Du sang, venez voir !

En effet, sur le vert de la pelouse, une petite flaque de sang séché régalait les fourmis.

– Avec ça, on va pouvoir connaître l'ADN de la victime, a dit Nest.

– C'est surtout celle de l'assassin qu'il faut trouver, ai-je répondu.

– Arrêtez de rêver, c'est pas du sang ! a dit Miguel en brandissant un sachet poisseux de ketchup.

Un peu plus loin, d'autres fourmis s'étaient attaquées à des frites.

– Mais ça, c'est beaucoup plus intéressant, a triomphé Miguel.

Très professionnel, il tenait au bout d'une

pince un bout de tissu avec un bouton, qu'il glissa avec précaution dans une pochette en plastique.

– On dirait que ça vient d'une veste de costume, comme celle du type au couteau, j'ai fait remarquer.

– Ça c'est une affaire pour Jean-Paul! a rugi Miguel.

EN PLEIN POLAR

Jean-Paul a des yeux noirs qui brillent à travers une épaisse frange. Debout, il mesure 1 mètre 30, mais ça n'arrive que quand il essaye d'ouvrir une porte. Le reste du temps, comme tous ceux de son espèce, il marche à quatre pattes et sa queue frétille dès qu'il aperçoit son maître. Il fait vaguement penser à un berger picard, à cause de ses poils longs, mais personne ne connaît vraiment son origine. La mère de Miguel l'a découvert un matin dans leur jardin, sans collier, maigre et blessé. Elle l'a nourri, soigné, et comme il ressemblait à son frère, elle l'a appelé Jean-Paul. Toute la famille l'a adopté, même l'oncle Jean-Paul !

On est retournés sur les lieux du crime avec lui. Délicatement, Miguel a sorti la pièce à conviction du sachet en plastique. La truffe du chien s'est mise à frétiller au contact du tissu.

– Cherche, Jean-Paul ! Ça appartient à un sale type, un assassin. Il faut qu'on le retrouve. Cherche !

Miguel se retourna vers nous :

– Il comprend vraiment tout, vous savez.

Mais la laisse lui échappa et, après un jappement, le chien traversa tout le parc, la truffe collée à terre, en direction du centre-ville. On courait aussi vite qu'on pouvait tous les trois, mais on avait du mal à le suivre.

Arrivé dans la Grande-Rue qui avait l'air en travaux, Jean-Paul, truffe en avant, se glissa entre les jambes d'un gendarme qui n'eut pas le temps de réagir.

– On ne passe pas les enfants ! C'est à vous ce chien ? Vous êtes tenus de le garder en laisse ! Vous n'avez pas vu le panneau ?

– Mais on doit le récupérer ! C'est important !

– La rue sera bloquée toute la matinée à cause du tournage d'un film. Vous n'êtes pas au courant ?

En effet, d'où on était, on pouvait voir des projecteurs braqués sur une file de voitures anciennes, une caméra sur un rail, des techniciens au travail et toute une équipe affairée autour d'un groupe de comédiens à chapeau, sapés comme des gangsters.

– Non Jean-Paul, non ! a crié Miguel.

Trop tard, le chien avait attrapé un des acteurs par le fond de la culotte et ne voulait plus le lâcher.

Les choses auraient pu mal tourner. Une ambulance vint en urgence chercher le malheureux qui hurlait sur sa civière. Deux gendarmes avaient réussi à attraper Jean-Paul, tandis qu'un troisième lui passait une muselière. Le producteur furieux appela nos parents. Nous trois, en les attendant dans une espèce de caravane, on était à la fois paniqués par ce qui venait de se passer et fascinés de se retrouver en plein cœur d'un polar avec des caméras énormes, des projecteurs aveuglants, des preneurs de son, des camions de maquillage et tout un tas d'accessoires d'époque : voitures, vieux camions, mitraillettes, caisses de munitions et fausses enseignes en néon. Du cinéma grandeur nature !

– Si Jean-Paul lui a arraché un bout de fesse, il est bon pour la fourrière ! s'est lamenté Miguel.

Nos parents sont arrivés un quart d'heure après. Le père de Miguel était une version adulte de son fils en costume cravate. Derrière ses lunettes, deux gros yeux inquiets balayaient la scène, éberlué comme s'il venait

juste d'atterrir sur Mars. Visiblement, il ne comprenait rien du tout à la situation.

– C'est ça... le... le... le fameux tournage de vos... de vos... de vos enfants ? demanda-t-il à Papa en bafouillant.

HAPPY END

Difficile de résumer en trois mots ce qui s'est passé après.

Par une étrange coïncidence, il se trouve que Mathias Harlingen, le réalisateur, était un ami de Papa. Ils avaient même travaillé plusieurs fois ensemble. Ça a un peu calmé le producteur, très énervé par toute cette perte de temps. Le tournage a pu reprendre et toute l'équipe affairée nous a complètement oubliés. Nest et moi, on aurait bien aimé rester sur le plateau où se préparait une scène de fusillade filmée du haut d'une grue, mais on a dû aller au commissariat tout expliquer à la police. Jean-Paul faisait peine à voir, derrière les barreaux d'une cellule, geignant à travers sa muselière, tandis qu'on expliquait la situation aux inspecteurs en leur montrant la fameuse scène de meurtre. Le régisseur du film, présent à l'entretien, confirma que c'était donc bien le faux assassin au faux couteau qui s'était fait mordre ses vraies fesses. Par chance, la blessure n'était pas grave : juste trois points de suture. Une petite cicatrice dans un endroit du corps qu'un acteur ne montre pas souvent et qu'on peut facilement cacher au maquillage.

Le papa de Miguel étant avocat, il plaida brillamment la cause de Jean-Paul qui fut relâché avec un simple avertissement et l'obligation d'un travail d'utilité public :

remplacer pendant quinze jours un chien d'aveugle qui avait attrapé la grippe.

Notre tournage a pu alors reprendre jusqu'au dimanche soir, veille de la rentrée. Avec l'aide des parents, on a filmé toutes les scènes de commissariat, dont l'ambiance était directement inspirée par ce qu'on venait de vivre. Maman avait trouvé deux uniformes pour Léna et Momo dans des rôles muets de fonctionnaires de police, tapant à la machine et rangeant des dossiers. Valentine, courbée en deux dans un vieil imper imprimé panthère, jouait une petite vieille désespérée de la disparition de ses neuf chats. Papa clapait et s'occupait de la lumière. Pour la prise de son, il avait placé un micro dans une lampe juste au-dessus du bureau. Maman maquillait et ajustait les vêtements avec des points de couture et des pinces à linge, Nest et moi, derrière la caméra, dirigions les acteurs. Miguel, notre star, nous a offert un grand numéro de commissaire, sous les yeux étonnés de son père qu'on avait invité au tournage. Il connaissait son texte par cœur, et nous proposait des variantes, plus rapide, plus lent, plus chuchoté, plus autoritaire... Comme s'il avait fait ça toute sa vie. On ne s'arrêtait de tourner que lorsque sa moustache se décollait et que le fou rire était trop fort.

Cerise sur le gâteau, Mathias Harlingen est venu dîner à la maison. On lui a montré tous nos films : Jeanne d'Arc au grille-pain, les escargots, la danse des bananes, le Rubik's Cube inachevé... Et surtout les premiers plans de notre grand film. Papa et Maman semblaient super fiers, et racontaient en riant toutes les galères qu'on avait vécues. Harlingen était si impressionné par notre travail de cinéastes amateurs qu'il nous a proposé un stage en juillet sur la suite de son film de gangsters. Il a même trouvé Miguel tellement doué qu'il lui a trouvé un petit rôle dans une scène rigolote : un gamin un peu voyou qui casse un carreau en shootant dans un ballon.

JUILLET

Finalement, le dernier trimestre a passé très vite. Nos deux objectifs : ne pas être séparés l'an prochain, et avoir d'assez bonnes notes pour gagner notre stage en juillet. Miguel, de son côté, vivait à peu près la même chose, jouant le bon élève pour faire oublier à ses parents la grosse bêtise de Jean-Pierre. On le voyait de temps en temps au parc s'entraîner au foot en préparation de son rôle de casseur de carreaux. Nest et moi, on a travaillé dur, en essayant de trouver un lien, pas toujours évident, entre ce qu'on apprend en classe et notre futur métier. Le français pour mieux écrire nos scénarios. La grande histoire pour apprendre à en raconter des petites. La géographie, parce qu'il n'est pas question de tourner nos films uniquement en France. Les maths, car le cinéma coûte cher et qu'il faut savoir bien compter. Le dessin, pour nos story-boards, et la gym pour être costauds, parce que c'est lourd de porter une caméra.

Résultat, félicitations de la maîtresse ! À la rentrée, on sera tous les deux dans la même classe, et dans une semaine, on prépare nos bagages pour partir rejoindre l'équipe de tournage. Ce qui est drôle, c'est que Maman et Papa semblent aussi excités que nous, sauf qu'eux, ils ne sont pas invités !

Pour la première fois, nous avons pris le train sans nos parents, direction Marseille.

Dans nos valises, on avait emporté Alice. Un peu comme des violonistes qui ne se déplacent jamais sans leur instrument. On a profité du trajet pour écrire la suite de notre film dans le grand carnet noir : une histoire de zombies mangeurs de chats vivants. On a même écrit un rôle pour Jean-Paul : un chien policier, le sauveur de ces mignonnes victimes. En arrivant, Chloé, une assistante de production, nous attendait dans une vieille Citroën Traction qui sert pour le tournage. Grande classe ! Le premier jour, on n'a pas réussi à voir Mathias Harlingen parce qu'il tournait au bord de la mer des scènes difficiles autour d'un bateau en flammes. Mais Chloé nous a fait visiter les lieux des prochains tournages. Sur la place d'un village de Provence, les décorateurs s'activaient pour la transformer en un marché des années 30. Il y avait aussi un dresseur qui s'occupait d'un âne, de quelques chèvres et d'une bande de canards. Le rêve ! Dans une rue plus loin, tandis qu'arrivait une enfilade de voitures anciennes, un cascadeur avec l'accent du Midi entraînait trois acteurs à la castagne. Parmi eux, on reconnut « croque-fesse », comme l'appelait Miguel. Un accessoiriste installait des pétards dans une charrette de pastèques en vue d'une scène de fusillade. Ça allait gicler ! Un opérateur courbé sur un petit écran vérifiait les essais qu'il venait de filmer avec un drone sorti d'un film de science-fiction. On en avait plein les yeux.

Demain, notre Miguel préféré va arriver pour jouer son rôle de gamin des rues. On a vraiment hâte de partager tout ça avec lui. Pour des frères, on dit « fraternité », pour des sœurs, on dit « sororité » et pour nous trois, il y a un joli mot : « amitié ».

FIN

Responsable éditoriale : Céline Ottenwaelter
Conception graphique : Clémence Courot
Fabricante : Virginie Leroux

57, rue Gaston-Tessier, 75019 Paris
ISBN : 979-10-235-1861-0
Dépôt légal : août 2023 – Tirage n° 1
Loi 49-956 du 16 juillet 1949
sur les publications destinées à la jeunesse

Photogravure : AnR
Achevé d'imprimer en juillet 2023 par Graphycems (Espagne)

www.seuiljeunesse.com

Dans la même collection :

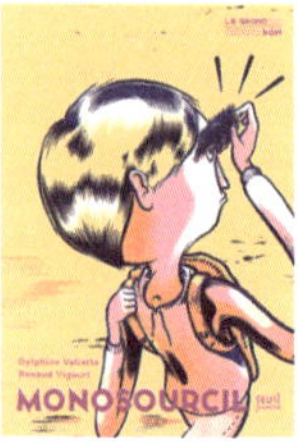